Zwölf Freunde auf Basiliskenjagd

Eine Bildergeschichte über
unheimliche Ereignisse in Basel

Simowa Verlag

Inhalt

Basilisken sind merkwürdige Wesen, sie sind eine Art Drachen mit Schuppen und Flügeln und dem Schwanz einer Schlange oder einer Echse. Den Kopf haben sie von einem Hahn. Manchmal wurden sie mit acht Füssen abgebildet. Man sagte in alten Zeiten, Basilisken seien gelb und trügen ein kleines Krönchen. Für die alten Römer war der Basilisk sogar ein «Kleiner König», weil er allen andern Tieren Schrecken einjagen und so über sie regieren könne.

In diesem besonderen Geschichtenbuch wird erzählt, wie zwölf Basiliken in der schönen Stadt Basel ausser Rand und Band geraten und eine richtige Sauerei anrichten. Sogar der ganz seltene, riesige Stachelschwanzbasilisk treibt es plötzlich bunt. Aber gegen Basilisken vorzugehen, dazu braucht es richtig Mumm. Vor mehr als 600 Jahren haben die Menschen gesagt, ein Basilisk könne jemanden allein mit seinem Blick töten. Man hielt ihn für das giftigste Tier überhaupt und erzählte, es wohne am liebsten in feuchten, dunklen Höhlen.

Wären da nicht die klugen Kinder, die Stadt würde in Ketchup, Scherben und Abfall ersticken. Die Kinder haben es, nachdem sie den Basilisken auf die schmutzige Spur gekommen sind, ganz schlau angestellt. Sie sind in einer selbst gebauten Zeitmaschine bis ins Jahr 1372 zurückgereist, haben eine Frau von damals, am Brunnen beim Gerbergässlein, um Rat gefragt und sind dann gut gerüstet wieder in die heutige Zeit zurückgekehrt.

Die zwölf Geschichten von Silja, Anna, Serafin, Miles, Janis, Fabrice, Sven, Daniel, Rojini, Nives, Oliver und Lionel erzählen davon, wie sie den Basilisken Meister geworden sind, wie sich einige Basilisken sogar in Heinzelbasilisken verwandelt haben und jetzt helfen, die Stadt sauber zu machen. Aber da muss man halt auch immer wieder mal schauen, dass sie nicht wieder zu ihren alten Unsitten zurückkehren.

Neben den Heinzelbasilisken der Kinder gibt es in Basel weitere nützliche Basilisken. Einige sind damit beschäftigt, elegant und mit sauber aufgeringeltem Schwanz das Basler Wappen mit dem schönen schwarzen Baselstab zu halten. Das soll seit 1431 so sein. Denn damals fand das Konzil von Basel statt – es sollte unter anderem ein neuer Papst gewählt werden. Ganze 17 Jahre blieben die Gäste in Basel. Dafür durfte die Stadt anschliessend eine eigene Universität gründen, die nun schon bald ihren 550. Geburtstag feiert. Das Ganze war für die Stadt ein Riesenspektakel. Einer der Gäste habe eine Art ausgestopften Basilisken bei sich gehabt. Das Tier gefiel damals den Baslern so sehr, dass sie fortan Basilisken mit dem Tragen ihres Wappens beauftragten. Ob die schöne Geschichte wirklich wahr ist, weiss ich nicht.

Aber Schluss jetzt mit langweiligen Vorworten und auf ins Abenteuer. Lest selbst, wie es die Kinder mit List und Hartnäckigkeit schaffen, den Pfui-Drachen bessere Sitten beizubringen. Wenn ihr dann wieder auf den Spielplatz oder durch die Strassen Basels geht, dann habt ein Auge drauf, ob nicht die Basilisken den fleissigen Strassenwischern wieder alle Arbeit verdorben haben. Und lasst ja nichts rumliegen. Die Basilisken könnten es sehen und gleich einen bösen Rückfall haben.

Martin Hicklin schreibt in der Basler Zeitung die Rubrik «Kinder fragen – Martin Hicklin antwortet»

Es ist Nachmittag und strahlendes Frühlingswetter. Die Kinder aus dem Quartier treffen sich auf dem Spielplatz vor der Theodorskirche. Serafin sitzt schon zuoberst auf dem Klettergerüst. Anna, Lionel und Miles haben ihre Skateboards mitgebracht. Oliver und Janis sind mit dem Velo gekommen. Rojini balanciert auf ihrem neuen Einrad. Sven humpelt an den Stöcken, er hat ein Gipsbein. Nives hat ihre Glasmurmeln mitgebracht, und Miles will gleich mit ihr spielen. Die beiden kauern sich nieder, und schon rollen die ersten Glasmurmeln auf ein kleines Loch im schwarzen Teerbelag zu.

Plötzlich schreit Miles auf – an seinem Bein spürt er einen stechenden Schmerz, und es blutet. Alle Kinder laufen sofort zu ihm, und da sehen sie das Unglück: Der ganze Boden ist mit Scherben übersät, und Miles hat sich ins Bein geschnitten! Sie trösten ihn. Sven durchsucht seine Hosentaschen nach einem Taschentuch und macht Miles einen kleinen Verband.

Die Kinder wollen sich einen Moment auf die Skaterrampe setzen, aber auch da das gleiche Bild. Alles ist voller Abfall, und es riecht unangenehm nach Urin.

Lionel stützt seinen Kopf in die Hände und sagt betrübt: «Hier kann man ja gar nicht mehr spielen! Wo kommt denn auf einmal all dieser Abfall her?» Die Kinder sehen sich ratlos an und zucken die Schultern. Ein kalter Wind fegt plötzlich über den Spielplatz, und ein tiefes Schnauben ist zu hören, als ob ein unsichtbarer Drache herumschleichen würde. Die Kinder frösteln.

Nives schaut sich den Boden genauer an. «Schaut mal her!», sagt sie. «Diese gelben Flecken auf dem Boden sehen fast aus wie eine Spur – kommt, wir folgen ihr – vielleicht finden wir heraus, wer hinter diesem Dreck steckt!»

Unterwegs treffen sie einen Strassenwischer an und fragen ihn, ob auch er solche Spuren entdeckt hat. Betrübt nickt er mit dem Kopf und meint: «Jeden Morgen um 4 Uhr früh, wenn ich mit der Arbeit anfange, sehe ich überall das gleiche Bild – haufenweise Abfälle und eigenartige Spuren, die zu dunklen Verstecken in den Mauerritzen des Rheinbordes führen. Es ist gerade so, als ob in der Stadt nachts unheimliche Wesen unterwegs sind und diesen Dreck hinterlassen. Sind das wohl Ratten? Oder am Ende etwa die Basilisken?» Die Kinder horchen auf. In der Schule haben sie einmal über diese Drachenfiguren gesprochen, fürchterliche Wesen, die mit ihrem giftigen Feueratem die Stadt in Angst und Schrecken versetzt haben.

Die Kinder folgen den Spuren bis unter die Wettsteinbrücke. Sie verschnaufen einen kurzen Moment, und Serafin lehnt sich mit dem Kopf an den kühlen Brückenpfeiler. Als er weitergehen will, zieht ihn etwas an den Haaren. Es ist ein klebriger Kaugummi!

Schon wieder! Was kann das alles bedeuten? Oliver schaut sich genauer um, und gerade noch sieht er einen grauen Schwanz mit spitzen Zacken in einer Ritze verschwinden. Aufgeregt ruft er: «Ich habe einen Basilisken gesehen! Sie sind wieder in der Stadt!»

Sie beschliessen, etwas zu unternehmen und die Stadt vor dieser gefährlichen Bedrohung zu retten.

Doch wer weiss Rat? Sie denken angestrengt nach, wen sie um Hilfe bitten könnten. Das Kinderbüro anrufen? Die Feuerwehr informieren? Die Tierfänger des Zoos fragen? Plötzlich sagt Janis: «Ich habe eine Idee! Wir bauen eine Zeitmaschine und reisen in die Vergangenheit, siebenhundert Jahre zurück, als die Basler die Basilisken bekämpft haben, und fragen die Leute um Rat!»

Eine Reise in die Vergangenheit

Gleich darauf machen sich die Kinder ans Werk. Sie hämmern, schrauben und sägen aus Rädern, Drähten, Kisten und Brettern eine Zeitmaschine. Rojini ist etwas ängstlich. Ist der Flug mit der Zeitmaschine gefährlich? Werden sie in der richtigen Zeit landen? Schliesslich ist es so weit. Mit Helm und Brille geschützt, treten sie die Reise in die Vergangenheit an.

Drei Millionen Lichtjahre reisen sie. Mit einem Ruck landen sie im Jahre 1327, direkt neben einem Brunnen. Eine Frau ist gerade damit beschäftigt, Wasser zu holen. Sie erschrickt, als sie diese Wesen mit den silbernen Helmen sieht. Die Kinder ziehen die Helme aus und begrüssen sie auf Baseldeutsch. «Sali liebi Frau. Mir kömme us em Joor 2008 und sueche Root bi öpperem, wo sich mit däne gföörlige Basiliske uskennt.»

Sie erzählen dieser Frau, was sich im modernen Basel abspielt: Überall liegen Verpackungen, Dosen, Zigarettenstummel, Kartons und PET-Flaschen. Die Gassen stinken nach Urin. In Bussen und Trams liegen lauter weggeworfene Zeitungen. Die Plätze sind voller klebriger Kaugummis. Das Rheinbord ist übersät von Scherben. Sie berichten auch, dass sie Spuren von Basilisken gesehen haben.

Die Frau nickt nachdenklich mit dem Kopf. Dann sagt sie: «Basiliken sind sehr gefährlich, sie können euch töten. Schon ein einziger Blick ist tödlich. Aber wenn ihr schlau seid, könnt ihr sie überlisten und besiegen. Auch bei uns lag einmal ein Basilisk in einem Brunnen und vergiftete das Wasser der Stadt. Ein mutiger Junge ist damals in den Brunnenschacht geklettert und hat dem Basilisken einen Spiegel hingehalten. Der Basilisk hat sich selbst angeschaut, sein tödlicher Blick traf ihn selbst mitten ins Herz, und er starb.» Die Kinder staunen. Miles erklärt der Frau: «Wir haben ein grosses Problem – wir haben nämlich mindestens ein Dutzend Basilisken!» Zu den Kindern gewandt, sagt Miles: «Tja, bestimmt haben wir morgen alle eine gute Idee. Sucht die Verstecke der Basilisken, spioniert sie aus und überlegt euch, wie ihr sie am besten unschädlich machen könnt!»

Die Kinder geben der alten Frau noch ein Geschenk, eine Taschenlampe mit Kurbel, damals gab es ja noch keine Batterien, setzen sich in ihre Zeitmaschine und fliegen zurück in die Gegenwart.

Die Jagd geht los

In den folgenden Tagen und Wochen ist die Kinderbande mit offenen Augen und Ohren unterwegs. Bald schon verfolgt jedes der zwölf Kinder eine heisse Spur, und zwölf Geschichten nehmen ihren Lauf ...

Mein Name ist Silja Silberpapier. Ich bin 10 Jahre alt. Ich habe eine laute Familie: Mein Vater spielt Posaune, meine Schwester spielt Tuba, meine Mutter spielt Cello und ich spiele Trompete.

10

Ich heisse Anna Kaugummi und bin 10 Jahre alt. In meiner Freizeit treibe ich Sport, nämlich: Judo, Fussball, Tennis. Ich gehe jedes Jahr eine Woche auf einen Reiterhof.

Ich heisse Serafin Senf und bin 10 Jahre alt. Ich liebe Dinos und gehe in jede Ausstellung! Ich kann gut turnen.

Ich heisse Miles Chips. Mein Lieblingsessen ist Pouletschenkel, Pommes frites, Salat und Stir-Fry. Mein Lieblingssport ist Fussball.

Ich heisse Janis Pizza und bin 9 Jahre alt. Ich mache gerne Sport und spiele gerne Fussball. Natürlich spiele ich auch gerne am Computer.

Ich heisse Fabrice Tetra und bin 8 Jahre alt. Wenn ich gross bin, werde ich Tierpfleger.

Ich heisse Sven Scherbenschreck. Ich bin Moderator beim Radio Abfallpower und moderiere fünf Sendungen pro Woche.

Ich heisse Daniel Leselöwe. Ich spiele gerne Rugby. Ich habe eine kleine Schwester, und mein Traumberuf ist Schauspieler. Meine Lieblingsfarbe ist grün, und ich bin 9 Jahre alt.

Mein Name ist Rojini Büchse, und ich bin 10 Jahre alt. Ich liebe Kartoffel-Curry. Wenn ich gross bin, möchte ich eine indische Göttin werden. Ich möchte die netten Menschen reich und die bösen Menschen arm zaubern.

Ich heisse Nives Ketchup und spiele gerne Fussball. Ich habe viele Freunde, mit denen ich oft «gluggere». Und wie die meisten schaue ich gerne Filme. Meine Lieblingsfilme sind «Wilde Kerle», «Fluch der Karibik» und «Wilde Hühner».

Ich heisse Oliver Pet. Ich bin 9 Jahre alt. Meine Traumberufe sind Koch und Gärtner. Ich habe blonde Haare.

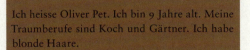

Mein Name ist Lionel Smog, und ich bin 10 Jahre jung. Ich spiele Fussball. Ich bin Dinosaurierexperte in der Schule. Mein Lieblingselement ist Feuer.

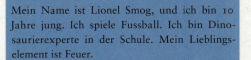

Nives jagt den Basilisken auf dem Eis

In den Fasnachtsferien haben sich Nives und Anna für einen Eishockeykurs auf der Schlittschuhbahn Eglisee angemeldet. Nives freut sich auf den Kurs und beeilt sich, ihre Eishockeyausrüstung einzupacken. Am Montag um zehn Uhr stehen Anna und Nives auf dem Eis. Gleich beginnt das Training mit Aufwärmen, dann üben sie, sich gegenseitig den Puck zuzuspielen. Am Schluss stellt der Trainer zwei Mannschaften zusammen, und sie spielen einen kurzen Match. Der Morgen geht im Flug vorbei. Nach dem Training gehen Anna und Nives zum Restaurant, sie wollen hier zu Mittag essen und am Nachmittag auch noch Schlittschuh fahren.

Nives bestellt eine Portion Pommes frites mit Ketchup. Doch als sie sich auf einen Stuhl setzen will, bemerkt sie, dass der ganze Stuhl mit Ketchup verschmiert ist. Fast hätte sie sich reingesetzt! Kopfschüttelnd setzt sie sich auf den nächsten Stuhl. Nach dem Mittagessen gehen die beiden Freundinnen nach draussen. Nives kommt an einem Abfalleimer vorbei, auch da ist alles voller Ketchup, aber sie denkt sich nichts dabei.

Am Dienstag gehen Anna und Nives wieder ins Eishockeytraining. Die beiden ziehen ihre Schlittschuhe an. Nives will ihre Winterstiefel in einen Garderobenschrank versorgen, doch im Schrank klebt Ketchup. «Ein See aus Ketchup!», schreit Nives plötzlich. «Vielleicht hat es auch hier Basilisken!» Sie sucht nach einer Ketchupspur und rennt nach draussen. Doch auf der Eisfläche, auf der Tribüne und am Uhrenturm kann sie nichts entdecken. Sie schaut zum Restaurant und traut ihren Augen nicht: Da sitzt doch ein Basilisk und isst gemütlich Pommes mit so viel Ketchup, dass es links und rechts heruntertropft. Sie schliesst ihre Augen für einen kurzen Moment. Als sie die Augen wieder öffnet, ist der Basilisk weg.

Nives beschliesst, ihre Freunde zu Hilfe zu holen. So ganz alleine den Basilisken zu jagen, traut sie sich nicht. Die Kinderbande verabredet sich für den Mittwochnachmittag vor dem Eglisee.

Nives bringt einen Bogen mit. «Wozu brauchst du den?», fragt Serafin. «Ich will damit einen Liebespfeil abschiessen», antwortet Nives. «Ich habe zur Geburt von meinen Eltern ein Fläschchen mit Liebestrank bekommen. Darin habe ich die Pfeilspitze getaucht, und jetzt ist es ein Liebespfeil. Wer von diesem Liebespfeil getroffen wird, verliebt sich in die erste Person, die er sieht.» Sie ziehen ihre Schlittschuhe an und gehen aufs Eisfeld.

«Da, schaut mal, grosse Ketchupspuren auf dem Eis! Diesmal lassen wir ihn nicht entkommen», ruft Lionel. Sie fahren, so schnell sie können, übers Eisfeld.

«Da vorn, ich hab was gesehen, ein ... ein Schwanz oder so», stottert Nives. Der Basilisk flüchtet ins Restaurant und versteckt sich hinter der Kasse. Sie folgen ihm. Nives nimmt ihren Bogen und schiesst einen Liebespfeil ab. Sie trifft den Basilisken mitten ins Herz. Als Erstes sieht der Basilisk die Dame an der Kasse und verliebt sich in sie. Sofort macht er sich nützlich und schleckt mit seiner Zunge die Tische ab.

Die Dame an der Kasse ist hocherfreut und sagt: «Dieses Tier behalte ich gerne, dann sind unsere Tische endlich sauber.»

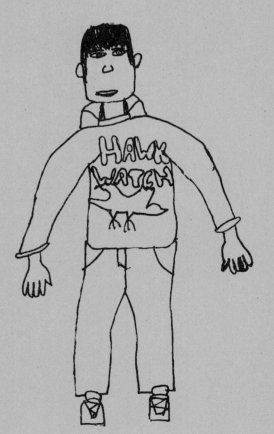

Daniel überlistet den Zeitungsbasilisken

Daniel fährt wie jeden Mittwoch mit dem Bus Nr. 34 zum Basler Kindertheater. Er spielt in einem Stück mit und hat heute Vorstellung. Er ärgert sich, als er in den Bus steigt. Der ganze Boden ist mit weggeworfenen Zeitungen bedeckt. Sogar an den Haltegriffen hängen aufgeklappte Zeitungen. Daniel wundert sich, warum bloss die Leute so viele Zeitungen einfach wegwerfen. Er selbst liest gerne Zeitung, vor allem Berichte über Theaterstücke und Kinofilme. Auf dem Rückweg vom Kindertheater sieht er das gleiche Bild: Der Bus ist übersät von alten Zeitungen.

Da fällt ihm auf, dass eine der Zeitungen zerfetzt ist und voller Spuren aus Druckerschwärze. Daniel erschrickt. Das muss ein Basilisk mit Krallen gewesen sein!

In den nächsten Tagen wird das Problem immer schlimmer. Die Tramwagen und Busse sind überschwemmt mit Zeitungen. Die automatischen Türen lassen sich nicht mehr öffnen, weil Zeitungen eingeklemmt sind. Die Leute können nicht mehr mit dem Bus zur Arbeit gehen, Daniel muss sogar das Taxi nehmen, um zum Kindertheater zu gelangen.

Daniel beschliesst, die Verfolgung aufzunehmen. Doch wo soll er bloss diesen Zeitungsbasilisken suchen? Er überlegt, an welcher Haltestelle Busse und Trams halten, und geht zum Wettsteinplatz. Er wartet und beobachtet alles ganz genau. Nach drei Stunden, als wieder ein Tram kommt, öffnet sich die Türe einen Spaltbreit und eine Frau quetscht sich durch die Zeitungsberge ins Freie. Daniel hört, wie die Frau wahnsinnig laut kreischt: «Hilfe! Hilfe! Ein Monster im 2er-Tram!» Daniel steigt schnell ins Tram, da sieht er den Basilisken. Der frisst gerade eine Zeitung, die unter den Sitzen liegt.

Der Basilisk erblickt Daniel und wird böse, seine Augen sind gelb und werden jetzt blutrot.

Vor lauter Aufregung läuft Daniel der Schweiss runter, sein Herz klopft ihm bis zum Hals.

Der Basilisk rennt auf Daniel zu, doch zum Glück kommt eine Tramhaltestelle, und Daniel kann flüchten. Der Basilisk rast ihm hinterher. Daniel rennt am Claraplatz vorbei, hin zur Claramatte. Da ist er erschöpft und kann nicht mehr rennen. Hinter sich spürt er den Atem des Basilisken. In seiner Not zieht Daniel seine leuchtend grüne Jacke aus und hält sie vor einen grossen Stein. Der Basilisk rennt mit voller Wucht in den Stein und wird ganz flach. Daniel traut seinen Augen nicht: Das gefährliche Biest ist nun flach wie ein Kleber. Vorsichtig nimmt Daniel den flachen Basilisken unter den Arm. Dann fährt Daniel mit seinem Fahrrad zum Tramdepot der BVB. Dort klebt er den Basilisken auf ein Tram. Dies soll eine Warnung sein für alle Basilisken, nie mehr Zeitungen zu verstreuen, sonst werden sie es bitter bereuen.

22

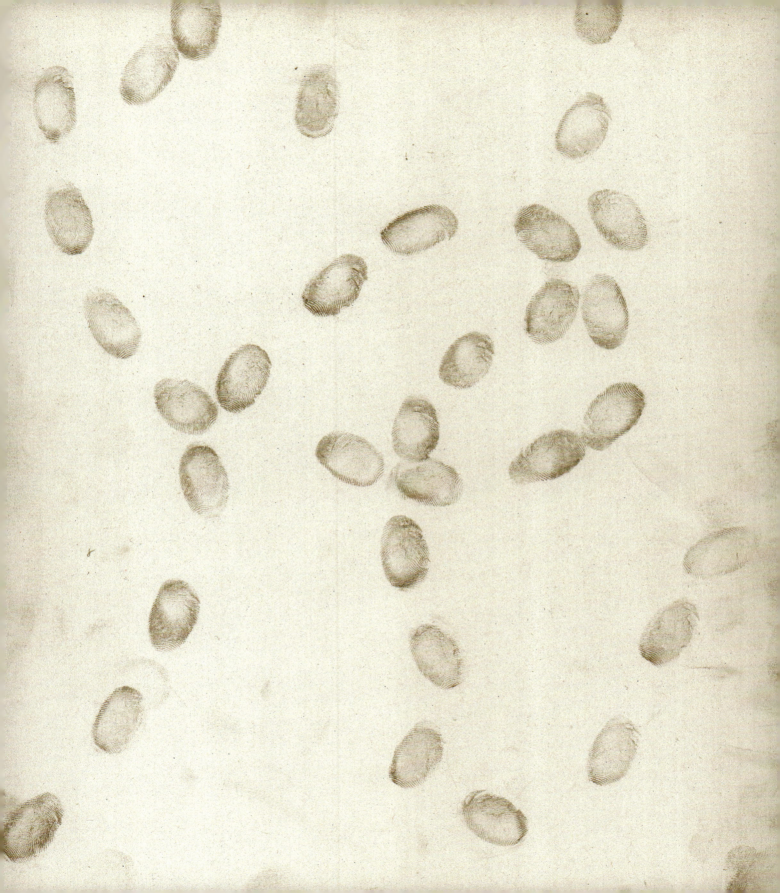

Die Klasse 3a vom Bläsi-Schulhaus macht sich heute bereit für eine unterirdische Stadtführung. Bei der Heuwaage werden sie von Herrn Rohrer abgeholt und steigen über eine Treppe hinunter in den Birsigkanal. Durch diesen Tunnel fliesst der Birsig von der Heuwaage unter dem Marktplatz hindurch zum Rhein.

Herr Rohrer, der Kanalführer, erklärt: «Bis vor zirka hundert Jahren floss der Birsig offen mitten durch die Stadt. Die Leute schmissen ihre Abfälle ins Wasser. Es stank fürchterlich. Schliesslich wurde der Birsig zugebaut und fliesst heute in diesem Kanal.» Die Klasse geht ein Stück weiter. Herr Rohrer erklärt, dass sie sich jetzt gerade unter der Hauptpost befinden. An der Decke des Kanals verlaufen verschiedene Röhren. Früher gab es sogar eine Rohrpost, durch die man Briefe direkt bis zum Bahnhof SBB schicken konnte. Sie ist aber nicht mehr in Betrieb.

Plötzlich hören die Kinder ein lautes, unheimliches Gerumpel. Fast gleichzeitig schwimmt eine Lawine von PET-Flaschen auf dem Birsigwasser vorbei. Jetzt geht alles blitzschnell: Das Wasser wird gestaut, und es gibt eine unterirdische Überschwemmung! Herr Rohrer erkennt die Gefahr und beschliesst, mit der Klasse sofort den Birsigkanal zu verlassen. Alle Kinder klettern den nächsten Dohlenschacht hinauf und landen unverletzt draussen. Nur Oliver bleibt noch unten und bringt sich auf einer Mauer in Sicherheit. Er ahnt, wer hinter diesem Flaschenberg steckt. Wieder hört er das unheimliche Rumpeln. Schnell packt er seine Taschenlampe aus und leuchtet direkt auf einen Basilisken. Er ist schockiert! Jetzt wird es gefährlich, der Basilisk schleudert seinen feurigen Blick direkt gegen Oliver. Doch Oliver lässt sich nicht beeindrucken und stellt den Strahl der Taschenlampe noch stärker ein. Er malt mit der Taschenlampe Spiralen in die Luft, davon wird der Basilisk hypnotisiert, und er schläft ein.

Oliver denkt nach. Wenn all diese PET-Flaschen hier unten liegen bleiben und den Birsig stauen, dann gibt es eine riesige Überschwemmung, und ganz Basel ist in Gefahr. Da kommt ihm der rettende Gedanke. Er schraubt das stillgelegte Rohr der Rohrpost auf, nimmt eine PET-Flasche und steckt sie hinein. Jetzt flüstert er dem hypnotisierten Basilisken ins Ohr: «Sammle nachts in den Strassen von Basel alle PET-Flaschen ein, stecke sie in diese Rohrpost und blase kräftig!!!»

Dann schleicht sich Oliver davon und eilt zum Bahnhof SBB. In einer alten Lagerhalle findet er den Ort, wo die Rohrpost endet, und sieht, wie die leeren PET-Flaschen bereits aus der Röhre sprudeln. Immerhin, die Verstopfung im Birsigkanal ist beendet, aber was könnte man mit den vielen PET-Flaschen anfangen? Von seiner Mutter weiss er, dass aus alten PET-Flaschen ein weicher Fleecestoff hergestellt werden kann. Daraus kann man doch allerlei Nützliches herstellen, zum Beispiel Pullover, Mützen und sogar Stofftiere.

Da kommt ihm die zündende Idee: Er will eine Firma gründen und aus den alten PET-Flaschen Stofftiere herstellen. Was es noch nicht zum Kaufen gibt, sind herzige Basiliskenstofftierchen. Doch zuerst braucht er Geld, um seine Firma zu gründen. Er besucht seine reiche Tante und erzählt ihr von seinem Plan. Sie ist begeistert und will ihm helfen.

Oliver entwirft ganz niedliche Basilisken und stellt 20 tapfere Schneiderlein an. Sein Plan gelingt. Bald ist der Stoffbasilisk das Lieblingstier von allen Kindern.

Mit den Einnahmen kauft Oliver eine neue Welt ohne Probleme.

Serafin ist genervt. Alle anderen haben schon eine Spur gefunden, nur er nicht. Wo soll er bloss suchen? Am Rhein hat er letzte Woche eine Spur entdeckt, doch er hat sie aus den Augen verloren. Serafin vermutet, dass es sich um einen Schlangenbasilisken handeln könnte, weil die Spur keine Fussabdrücke zeigt, sondern nur die breite Schleifspur des Körpers. Heute hat Serafin keine Zeit zu suchen, er will mit Anna und Nives an einen Fussballmatch im St. Jakob-Park gehen. Basel spielt gegen Zürich. «Hoffentlich gewinnen die Basler», denkt er.

Nach dem Match ist der Jubel gross, die Basler haben tatsächlich gewonnen. Die drei Freunde drängeln sich vergnügt durch die Menschenmenge, die zum Ausgang strömt. Plötzlich spürt Serafin etwas Eklig-Schleimiges auf seinem Kopf. Er schaut nach oben und erschrickt. Da schleicht ein schlangenförmiges Tier den Torbogen hinunter und hinterlässt eine dicke gelbe Senfspur. Die Leute schreien entsetzt auf, als sich das Tier blitzschnell zwischen ihren Beinen durchschlängelt und in den Sitzreihen des Stadions verschwindet.

Sofort nehmen die drei Kinder die Verfolgung auf. Sie sehen, wie das Tier in den Abfällen am Boden wühlt und den Senf von den liegen gelassenen Servietten und Wurstkartons schlürft. Als das Tier die Kinder sieht, flüchtet es. Es turnt über alle Sitzreihen, macht wilde Saltos und Flickflacks und schmiert dabei die Sitze voll. Serafin springt hinterher und will es einfangen. Er wirft seine Jacke schwungvoll über den Basilisken und hält ihn fest. Unterdessen sind auch Anna und Nives an seiner Seite und halten schnell die Ärmel zu, damit der Basilisk nicht entkommen kann. Serafin nimmt ihn mit nach Hause, steckt ihn heimlich in eine Schublade und füttert ihn mit etwas Senf.

Am nächsten Tag trifft sich Serafin mit seinen Freunden auf dem Spielplatz. Der Basilisk schläft noch in der kleinen Schachtel, die Serafin mitgebracht hat. Sie wollen mit ihm spielen und locken ihn mit Senfklecksen auf das Klettergerüst. Da turnt er durch die Stangen und freut sich sehr. Unterdessen malt Serafin mit einer Senftube das Himmel-und-Hölle-Spiel auf den Boden. Vergnügt wirft der Basilisk den ersten Stein. Sie spielen eine Weile, bis es Zeit ist, nach Hause zu gehen. Doch da fängt der Basilisk an zu weinen. «Ich will nicht in die Schublade zurück, da ist es so eng und langweilig, da kann ich gar nicht turnen», schluchzt er. Die Kinder sind entsetzt. Da hat Serafin eine Idee.

28

Er kennt einen Zirkus, der sogar den gleichen Namen trägt, den Jugendzirkus Basilisk. Dieser hat soeben auf der Rosentalanlage sein Zelt aufgestellt. Vielleicht kann der Basilisk dort Mitglied werden? Die Kinder gehen zu Fuss zum Zirkusplatz, da dieser ganz in der Nähe liegt. Gerade eben fängt die Nachmittagsvorstellung an. Serafin muss den Basilisken festhalten, sonst würde er sofort am Trapez Kunststücke vorführen. Sie melden ihn sofort beim Zirkus an. Bis er aber seine Nummer einstudiert hat, muss er im Buffetzelt Senf in die Hotdogs füllen. Seitdem ist er glücklich und der Star vom Zirkus.

30

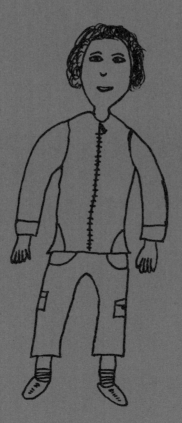

Wie jeden Donnerstag geht Anna in die Gitarrenstunde. Sie nimmt das Tram Nr. 6 und fährt bis zum Barfüsserplatz. Von da an ist es ein Katzensprung bis zur Musikakademie.

Nach der Gitarrenstunde wartet Anna auf das Tram. Wenn sie zu Hause ist, will sie gleich Fabrice anrufen und nachfragen, ob er schon neue mysteriöse Zeitungsartikel gefunden hat.

Langsam fährt das Tram in die Haltestelle ein, und Anna will einsteigen.

Doch als sie ihre Gitarrentasche aufheben will, klebt ein Kaugummi an ihrer Tasche. «Wie eklig!», denkt Anna. Sie schaut sich um. Erst jetzt merkt sie, dass der ganze Barfüsserplatz voller Kaugummis ist. Einige Frauen bleiben sogar mit ihren Stöckelschuhen an den Kaugummis kleben. Plötzlich sieht sie eine rosarote Spur in der Kaugummimasse. Wie eine Detektivin überlegt Anna, dass diese Kaugummispur frisch sein muss und von einem Basilisken stammt! Sofort ändert Anna ihren Plan und steigt nicht ins Tram, sondern folgt der merkwürdigen Kaugummispur. Die Spur geht durch die Steinenvorstadt. Es ist gar nicht so einfach, der Spur zu folgen: Anna klettert unter Beizentischen durch, schlängelt sich an Blumentöpfen und Kleiderständern vorbei. Sie ist schon fast bei der Heuwaage, da verliert sie die Spur plötzlich. Was soll sie bloss tun?

Sie überlegt angestrengt und hat eine Idee. Schnell rennt sie zum Kiosk und kauft drei Packungen rosaroten Kaugummi. Sie vermutet nämlich, dass der Basilisk immer noch in der Nähe ist. Anna stopft sich so viele Kaugummis wie möglich in den Mund. Mit dem grossen rosaroten Klumpen will sie ihn in eine Falle locken. Sie klappt den Gitarrenkoffer auf und klebt lange Kaugummifäden an die Gitarrensaiten. Sie kauert sich hinter den Deckel und wartet ängstlich. Die Zeit vergeht, und Anna hat langsam Hunger. Sie will schon aufgeben, da hört sie merkwürdige Geräusche und ein leises Zupfen an den Gitarrensaiten. Blitzschnell klappt sie den Kofferdeckel zu.

Aus dem Koffer tönt ein wütendes Fauchen und Kratzen. «Was soll ich jetzt bloss tun?», fragt sie sich. Anna zögert einen Moment, dann schnappt sie den Gitarrenkoffer und rennt Richtung Zoo. Ausser Atem erreicht sie den Eingang, zum Glück hat sie ihr Zolliabo dabei. Doch wo soll sie jetzt hin mit diesem wilden Tier? Ins Vivarium? Nein, wahrscheinlich kann er nicht schwimmen. Zu den Eidechsen? Lieber nicht, sonst gibt es noch einen Kampf. Zu den Pferden? Nein, da ist der Kinderzoo, das wäre zu gefährlich. Verzweifelt hetzt sie durch den Zoo. Das Fauchen im Koffer wird immer lauter.

Gerade läuft sie am Seelöwenbecken vorbei zum Giraffenhaus, da sieht sie viele rosarote Tiere, die ganz friedlich auf einem Bein stehen. Ja, zu den rosaroten Flamingos, da passt er perfekt hin, Rosarot ist ja seine Lieblingsfarbe. Sie öffnet vorsichtig den Koffer, um den Basilisken zu packen. Der Basilisk sitzt verängstigt auf der Gitarre und ist in den langen Kaugummifäden gefangen. Anna schnappt das Tier, zieht es zurück und lässt es spicken. Der Basilisk fliegt in hohem Bogen mitten in das Flamingogehege.

Als der Basilisk die rosaroten Flamingos sieht, ist er so glücklich, dass er seine Farbe wechselt, zuerst wird er gelb, dann dunkelgrün und am Ende rosarot. Von nun an lebt der gefährliche Kaugummibasilisk bei den Flamingos und übt fleissig, auf einem Bein zu stehen.

Wer heute in den Zoo geht und ganz gut hinschaut, der sieht vielleicht ein komisches rosarotes Tier zwischen den Flamingobeinen.

34

Lustlos isst Sven sein Frühstück, heute ist überhaupt nicht sein Tag. Dienstag: Mathe und Sprache, pfui Spinne. Diese Aufgaben sind ihm schlicht zu einfach! Das Einmaleins kann er schon lange! Er kann es kaum erwarten, bis die Schule aus ist. Nach der Schule will er im Internet über die Basilisken forschen, also fährt er in die Bibliothek Bläsi.

Mit der Kinderbande hat er noch nicht so viel herausgefunden, seit sie mit der Zeitmaschine gereist sind. Bis jetzt wissen sie nur, dass gefährliche Basilisken die Stadt überfallen haben und dass gute Ideen von Kindern die Basilisken besiegen können. Er meldet sich an der Theke der Bibliothek, der Computer ganz rechts ist noch frei. Er durchsucht das Internet kreuz und quer nach Informationen. Herausgekommen sind 200 ausgedruckte Seiten über Basilisken!

Am Freitag, als sich die Kinderbande wieder auf dem Spielplatz trifft, will Serafin wissen: «Sven, was hast du herausgefunden?» – «Ich habe im Internet geforscht und habe nun eine Spur. Ich kümmere mich um den Scherbenbasilisken. Der Basilisk Scherbus ensiquicus soll angeblich am Ufer von Flüssen hausen, doch niemand kennt sein Versteck. Im Internet habe ich ein Rätsel gefunden, wie seine Behausung aussieht. Das Rätsel lautet: *Dort, wo Fisch und Krebs sich gute Nacht sagen, im Palast, durchsichtig wie Luft, scharf wie tausend Messer, haust das unsichtbare Wesen.*

Das kann doch eigentlich nur bedeuten, dass sich der Scherbenbasilisk im Rhein versteckt hält. Kommt, wir untersuchen das mal mit einer Unterwasserlupe.»

Sie gehen zur Fähre an den Rhein und fahren in die Flussmitte. Sven packt die Unterwasserlupe aus und steckt das lange Rohr ins Wasser. Er kann kaum glauben, was er da sieht: Eine riesige Burg aus zusammengeklebten Scherben! Die Türme sind so hoch, dass sie beinahe die Wasseroberfläche erreichen! Der fast durchsichtige Scherbenbasilisk sitzt auf seinem Glasthron und zerschlägt mit einem grossen Hammer Flaschen in tausend Stücke!

Sven ist empört: Was denkt sich dieser Basilisk eigentlich? Diese Glasscherben haben doch im Rhein nichts zu suchen!

Die Kinder kehren wieder ans Kleinbasler Ufer zurück. Sven packt seine Sachen und verabschiedet sich. Er rennt in Richtung Schiffländte, weil er nun gleich am Radio seine Sendung «Abfallpower» moderieren muss. Auf dem Nachhauseweg denkt sich Sven, wenn doch der Basilisk nur seine Radiosendung hören würde, dann wüsste er, was er für Schaden anrichtet! Da hat Sven einen Geistesblitz. Er will ein wasserdichtes Radio am Seil in den Glaspalast des Basilisken runterlassen.

Gesagt, getan. Als der Basilisk die Radiosendung hört, denkt er gründlich nach. Eigentlich hat dieser Junge recht, die Flaschen gehören in den Glascontainer! Mit seiner letzten ganzen Flasche schickt er Sven eine Flaschenpost. Darin steht, dass er sich bessern will und nun eine neue Wohnung und neue Arbeit sucht, ob Sven ihm etwas wüsste? Er möchte ihn heute um 14 Uhr an der Schiffländte treffen.

Schon eine halbe Stunde vorher steht Sven an der Schiffländte bereit und wartet auf den Basilisken. Nervös schaut er sich um. Da entdeckt er eine fast durchsichtige Gestalt, die tropfnass aus dem Rhein steigt. Sven weiss ganz genau, wohin er den Basilisken bringen will. Im Radio, wo er manchmal arbeitet, steht ein Glasturm mit den Tonstudios. Zuoberst hat es noch Platz. Dort richtet ihm Sven ein Telefonbüro ein. Jetzt können ihn alle Baslerinnen und Basler anrufen, wenn sie ein Abfallproblem haben. Die Telefonnummer lautet: 061 385 15 15.

Weil er sehr beliebt ist, wird das Radio nach ihm benannt und heisst von nun an Radio Basilisk.

38

Miles programmiert den Chips-verrückten Basilisken

An einem sonnigen Nachmittag geht Miles mit seiner Mutter und seiner Schwester Luisa in den Schützenmattpark. Sie wollen beim Piratenschiff spielen. Die Mutter packt unterdessen ein paar Sachen zum Zvieri aus. Luisa schnappt sich eine Tüte mit Pommes Chips, ruft: «Ich will noch schnell zum Lozziwurm», und rennt davon.

Nach einer Weile wundert sich Miles, wo denn Luisa steckt. Er geht in die Ecke des Parks, wo der Lozziwurm steht. Doch er traut seinen Augen nicht: Der Lozziwurm ist verschwunden. Er holt seine Mutter, auch sie kann den Lozziwurm nicht sehen. Und auch Luisa ist verschwunden!

Miles und die Mutter suchen sie überall: Beim Kiosk, beim Planschbecken, auf dem Klettergerüst und hinter allen Gebüschen. Nochmals gehen sie dorthin, wo der Lozziwurm eigentlich sein sollte. Plötzlich entdeckt Miles auf dem Boden eine ausgeleerte Pommes-Chips-Packung. Die Chips liegen verstreut herum, einige sehen aus, als seien sie angebissen worden. Wieder kann Miles den Lozziwurm nicht sehen, es ist so, als würde er an eine unsichtbare Mauer stossen.

Plötzlich hört er ein Fauchen und Zischen. Sofort erkennt er den Ernst der Lage, sogar im Schützenmattpark inmitten der spielenden Kinder treibt ein gefährlicher Basilisk sein Unwesen!

40

Die Mutter beschliesst, nach Hause zu gehen, vielleicht ist ja Luisa alleine nach Hause gelaufen. Miles will im Park bleiben und weitersuchen. Er braucht Verstärkung und ruft seinen Freund Oliver an. «Hey Miles, was ist denn los, du tönst so aufgeregt?», fragt Oliver. Schnell erzählt Miles, was passiert ist. Er beschreibt die Chipsspuren und die unsichtbare Wand. Verzweifelt sagt Miles: «Ich glaube, der Basilisk hat Luisa entführt. Ich benachrichtige die anderen. Wir treffen uns im Labor um 19 Uhr.» Das Labor ist ein geheimer Platz in einem Gartenhäuschen, das Serafins Grossvater gehört, das er aber nicht mehr braucht. Miles und Oliver treffen als Erste ein, später kommen Janis, Fabrice und Daniel dazu.

Sie überlegen lange, wie sie diese unsichtbare Mauer um den Lozziwurm sprengen könnten, ohne Luisa zu gefährden. Da sagt Daniel: «Wir müssen die Mauer wütend machen, dass sie in tausend Stücke zerspringt!» – «Genau!», sagt Miles, «und ich habe schon eine Idee: Wir programmieren einige Wecker so, dass sie alle gleichzeitig nervtötend klingeln, dies wird die Mauer zum Einstürzen bringen.»

Zwei Stunden später schleichen sie leise mit den programmierten Weckern in den Schützenmattpark. Alles ist ruhig. Schnell installieren sie die Wecker vor der unsichtbaren Mauer. Gespannt warten sie. Um 21.20 Uhr klingelt schrill der erste Wecker, gleich danach folgen die fünf anderen. Staunend schauen die Kinder zu, was jetzt passiert. Ein Knirschen und Knacken ertönt, und die Mauer sackt in sich zusammen. Im fahlen Mondlicht kommt der Lozziwurm zum Vorschein. Die fünf Jungs packen ihre Taschenlampen aus und klettern vorsichtig in die Röhre des Lozziwurms. Die Röhre führt auf einmal steil abwärts und Janis rutscht als Erster in eine unterirdische Höhle. Miles staunt nicht schlecht. Da wohnt der Basilisk also, denkt er. Rund um ihn herum hat es riesige Chipsberge. Miles schaut sich genauer um.

Da entdeckt er eine Nische, in der etwa zehn Kinder schlafen. Er sieht auch Luisas hellbraune Haare. Hinter sich hört er plötzlich ein lautes Schmatzen und sieht den Basilisken, wie er sich um die Chipsberge schlängelt und gierig Chips frisst. Miles macht den anderen Kindern ein Handzeichen, dass sie nicht näher kommen sollen, aber es ist schon zu spät. Der Basilisk entdeckt Miles und geht sofort auf ihn los. Miles flüchtet schnell in das Labyrinth der Chipsberge. Fieberhaft denkt er nach.

Da kommt ihm plötzlich in den Sinn, dass er immer ein paar Computerchips in seiner Hosentasche hat. Schnell kramt er drei dieser Computerchips heraus und wartet. Da hört er ein wütendes Zischen hinter sich, er dreht sich blitzschnell um und kann dem Basilisken gerade noch die drei Computerchips in den aufgesperrten Rachen werfen. Der Basilisk erschrickt, schluckt die Chips runter und rülpst laut. Schnell greift Miles nach seinem Handy, damit kann er nämlich die Computerchips programmieren. Er programmiert den Basilisken so, dass er unsterblich wird, schrumpft und von nun an Abfall frisst. Miles weckt die schlafenden Kinder und bringt sie mithilfe seiner Freunde an die frische Luft. Dann lenkt Miles mit seinem Handy den Basilisken hoch. Der ist inzwischen ein kleines Tierchen mit sechs Beinen geworden. Sofort stellt es sich auf die Hinterbeine und schüttelt allen freundlich die Hände.

Von nun an kann Miles sein Tierchen zu Hause am Computer fernsteuern. Wenn Miles irgendwo in der Stadt viel Abfall sieht, schickt er sein Tierchen hin. Dann frisst das Tierchen schnell den Abfall auf.

42

Eines Nachts, genau um Mitternacht, hört man die lauten Sirenen der Feuerwehr. Fünf Feuerwehrautos rasen den Kohlenberg hinunter.

Die Bäume auf dem Theaterplatz stehen in Flammen! Die Feuerwehrmänner packen ihre Schläuche aus und versuchen den Brand zu löschen. Die Flammen sind glutheiss, fast wie der Feueratem eines Drachens. Das Feuer ist so heiss, dass das Wasser aus den Schläuchen zischend in der Luft verdampft.

Als Fabrice am nächsten Tag beim Frühstück in die Zeitung schaut, sieht er ein Bild mit dem brennenden Theaterplatz. Von nun an rückt die Feuerwehr jede Nacht aus: Immer wieder stehen die Bäume auf dem Theaterplatz in Brand, und keiner weiss warum. Fabrice sammelt alle Zeitungsartikel und Bilder über diese mysteriösen Brände. Immer wieder schaut er die Bilder an. Er will alles noch genauer untersuchen und nimmt seine Lupe hervor. Sorgfältig schaut er die Fotos nochmals an und entdeckt auf dem letzten Bild etwas Merkwürdiges: Da sieht er etwas Grünes, sehr unscharf. Könnte das nicht die Schwanzspitze von einem Basilisken sein?

Am nächsten Tag geht Fabrice auf den Theaterplatz. Er nimmt seinen Detektivkasten mit. Von weitem sieht er Janis, der am Boden neben seinem Skateboard kauert. Janis schimpft: «Jetzt hat sich schon wieder so ein Tetrapak in den Rädern verfangen, hier liegt einfach zu viel Abfall rum!» Fabrice packt sofort seine Lupe aus und macht sich auf die Suche nach verdächtigen Spuren. Nach einer Weile findet er winzige Punkte und schaut sie mit der Lupe noch genauer an. Er folgt der Spur, diese führt rund um einige Bäume und endet plötzlich vor einer leeren, weggeworfenen Eisteeverpackung. Er hebt sie auf, schaut rein und erschrickt: Aus der Verpackung sprühen Funken, und eine Flüssigkeit heiss wie Lava tropft auf den Boden. Jetzt weiss Fabrice ganz genau, warum die Bäume brennen. Es ist ein Basilisk!

Fabrice besorgt sich bei seinem Freund Oliver eine Prise Zauberpulver. Fabrice hat folgenden Plan: Er will das Zauberpulver in den Tinguelybrunnen streuen und im Wasser einen Tetrapak schwimmen lassen, um den Basilisken anzulocken. Das Zauberpulver soll bewirken, dass sich der Basilisk in ein Wasser speiendes Wesen verwandelt. Hoffentlich klappts!

In der darauffolgenden Nacht geht Fabrice auf Basiliskenjagd. Der Zaubertrick gelingt, und der Basilisk sitzt im Tinguelybrunnen und spuckt Wasser statt Feuer. Fasziniert schaut Fabrice eine Weile zu. Dann hat er eine Idee. Er nimmt den Wasser spuckenden Basilisken mit nach Hause und meldet ihn bei der Feuerwehr zum Training an. Da lernt der Basilisk, wie man richtig Feuer löscht.

Jetzt fliegt der Basilisk jede Nacht rund um die Welt, und wenn er ein Feuer sieht, löscht er es sofort. Wenn er gerade nichts zu tun hat, fliegt er zum Theaterplatz und putzt mit seinem Wasserstrahl den ganzen Abfall weg.

Nur einmal im Jahr darf er Feuer spucken: Am 1. August nehmen ihn die Feuerwehrmänner mit auf das Feuerwehrboot, und er darf mit seinem Feuerhauch das Feuerwerk anzünden.

46

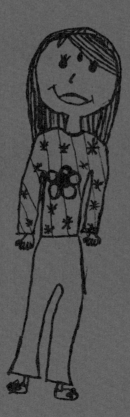

Es ist Sonntag. «Heute ist ein wunderschöner Tag», denkt Rojini. «Die Sonne scheint, die Blumen duften so fein, eigentlich habe ich Lust, mit meiner Schwester in den Wald zu gehen.»

Die beiden packen feine Sachen zum Essen und Trinken in ihren Rucksack. Dann ziehen sie los.

Die kleine Schwester hat Hunger und will direkt zum Picknickplatz. Rojini ist damit einverstanden.

Die beiden Mädchen spazieren in den Wald hinein. Sie finden einen gemütlichen Platz mit einer Feuerstelle. Die kleine Schwester rennt gleich los, um Feuerholz zu sammeln.

«Au!», schreit plötzlich die kleine Schwester. «Mein grosser Zeh! Ich blute ja!» Rojini läuft zu ihrer Schwester und sieht, dass sie am Fuss blutet. Sie hat sich an einer Aludose geschnitten.

Schnell holt Rojini ein Pflaster aus dem Rucksack und klebt es auf die Wunde. Sie schaut sich um. Da liegen ja überall leere Getränkebüchsen im Wald. «Wo kommt denn dieser Abfall bloss her?», denkt Rojini erschrocken. Dann entdeckt Rojini auf dem Waldboden grosse Blutflecken.

«Da stimmt etwas nicht. Da sind noch mehr Blutflecken, es sieht fast aus wie eine Spur. Ich will herausfinden, was los ist», sagt Rojini mutig und befiehlt ihrer Schwester, bei der Feuerstelle zu bleiben. Sie folgt der Spur, die in einem Gebüsch verschwindet. Rojini kriecht hinterher. Plötzlich sieht sie einen gefährlichen Basilisken. Er hat einen spitzen Schwanz. Rojini schleicht sich leise noch näher an und sieht, dass er sich die Pfote ableckt, weil auch er sich geschnitten hat. Der Basilisk faucht laut. Rojini erschrickt und rennt, so schnell sie kann, mit ihrer Schwester nach Hause.

Sofort telefoniert Rojini mit ihren Freundinnen Anna und Silja und erzählt, was passiert ist. Sie beschliessen, im Basler Radiostudio anzurufen und so schnell wie möglich die Bevölkerung zu warnen, dass sich ein gefährlicher Basilisk im Wald herumtreibt.

Rojini sitzt zu Hause und überlegt, wie sie dieses Ungeheuer am besten los wird. Keinesfalls will sie den Basilisken töten, denn sie liebt alle Tiere. Wenn sie doch nur zaubern und aus dem Basilisken ein Tier machen könnte, das den Wald aufräumt! Sie erinnert sich an ihre Urururgrossmutter aus Sri Lanka, die früher einen Zaubertrank gegen Schlangenbisse gebraut hat.

Da denkt Rojini: «Ich habe eine Idee! Ich erfinde ein Zauberparfüm und verwandle den Basilisken in ein nützliches Tier.» Sie kennt einen Apotheker im Totengässlein. Sie will ihn fragen, ob sie sein Laboratorium benutzen darf. Sogleich macht sie sich auf den Weg. Der Apotheker ist einverstanden. Schnell zieht sie sich eine Laborschürze, eine Schutzbrille und Plastikhandschuhe an. Sie macht alle Zutaten bereit: Rabenfedern, Schneckenschleim, Skorpionpanzer, Seeigelstacheln, Krokodilstränen und eine Prise Diamantenstaub.

Sie rührt alles zusammen, mischt etwas Regenwasser dazu und lässt das Ganze zwei Stunden lang kochen. Dann siebt sie sorgfältig den Saft ab und füllt ihn in eine Sprühflasche. Mit ihrer Freundin Anna geht Rojini in den Wald zurück. Sie ziehen Schutzbrillen an, denn auf keinen Fall darf das Zauberparfüm in ihre Augen geraten, sonst werden sie selbst in ein Tier verwandelt. Leise schleichen sich die Mädchen an. Zum Glück schläft der Basilisk. Rojini besprüht den Basilisken mit dem Zauberparfüm. Zuerst passiert gar nichts. Dann fängt der Basilisk an zu schrumpfen, als ob die Luft rausgehen würde, er wird kleiner und kleiner, so klein, dass ihn die Mädchen fast nicht mehr sehen. Sie schleichen ängstlich näher und fangen an zu lachen: Das Zauberparfüm hat den Basilisken in eine Ameise verwandelt, die nun gemütlich davonkrabbelt.

48

50

An einem warmen Sommerabend treffen sich Janis und Daniel am Rhein. Sie wollen fischen. Janis hat für diese Saison ein Fischereipatent gekauft. Er macht die Angelrute bereit und spannt die Spule ein. Danach befestigt er den Schwimmer an der Angelschnur und sucht die Dose mit den Maden. Schnell spiesst er eine Made auf den Haken und wirft die Angelschnur weit aus. Am liebsten würde Janis einen schönen Zander fangen, doch das braucht Zeit.

Janis und Daniel fischen schon eine ganze Weile, aber es will einfach kein Fisch anbeissen. Jedes Mal, wenn sie meinen, es habe etwas angebissen, und die Angelschur einziehen, hängen nur komische Dinge dran: ein verbogenes Velorad, eine PET-Flasche, ein alter Turnschuh, eine verbeulte Fasnachtslarve, ja sogar eine durchweichte Pizzaschachtel.

Als sie die Pizzaschachtel sehen, bekommen sie plötzlich Hunger. Die Buben kramen aus ihren Hosentaschen eine Zehner- und eine Zwanzigernote heraus. Dies ist mehr als genug für eine Pizza und etwas zu trinken. In der Rheingasse holen sie eine Pizza Margherita und gehen an ihren Platz am Rhein zurück. Kaum haben sie sich hingesetzt und die Pizzaschachtel aufgeklappt, rast ein kleines grünes Wesen vorbei, schnappt sich die Pizza und schluckt sie mit einem Bissen runter. Im ersten Moment sind Janis und Daniel baff, dann erkennen sie, dass es ein Basilisk ist!

Das kleine, grüne Wesen hockt einen Moment still da, geistesgegenwärtig will sich Daniel darauf stürzen. Doch schon flitzt der Basilisk das Rheinbord hinauf. Das lassen sich Janis und Daniel nicht entgehen, und sie nehmen die Verfolgung auf. Unter der Mittleren Brücke holen sie ihn ein. Er kauert in einer dunklen Ecke.

Als die zwei Freunde näher kommen, sehen sie, dass er Angst hat. Sogar grosse Angst, er klappert mit den Zähnen und schlottert am ganzen Körper. Er wimmert: «Bitte tut mir nichts!» – «Du brauchst keine Angst zu haben», sagen die Buben. «Wer bist du eigentlich? Was machst du hier?»

Nach und nach erzählt der Basilisk: «Ich lebe schon seit 200 Jahren hier. Früher war es gemütlich am Rheinbord, es gab nur ein paar Fischer. Doch jetzt ist es vorbei mit der Ruhe, es hat so viele Leute hier, und überall liegt haufenweise Abfall herum. Die Leute mögen mich nicht und vertreiben mich immer. Darum erschrecke ich sie und fresse ihnen ihr Picknick weg. Am liebsten mag ich Pizza Margherita. Eigentlich wäre es mein Traum, eine eigene Pizzeria zu eröffnen, aber ich habe doch gar kein Geld!» Der Basilisk lässt traurig seinen Kopf hängen. Janis und Daniel denken nach. So kann das nicht weitergehen. Wenn der Basilisk ständig den Leuten ihr Picknick raubt, werden sie nie freundlich mit ihm sein. Sie machen ihm einen Vorschlag: Sie wollen ihm helfen, eine eigene Pizzeria aufzumachen. Doch so einfach ist das ja nicht. Die Kinder und der Basilisk überlegen eine Weile. Da hat Janis eine Idee. Wie wäre es, wenn der Basilisk ein Pizzaboot hätte, so könnte er am Rheinbord auf und ab fahren und dabei Pizzas verkaufen. Doch woraus könnte man ein solches Boot bauen, so ganz ohne Geld? Hm, das wird schwierig. Janis, Daniel und der Basilisk überlegen konzentriert. Plötzlich geht dem Basilisken ein Licht auf, und er sagt, er habe doch so viele leere Pizzaschachteln in seinem Versteck. Ob man daraus ein Boot bauen könnte? Janis nickt zögernd, die Pizzaschachteln sind doch nicht wasserdicht, und das Boot würde untergehen. Da kommt Janis etwas in den Sinn, das er bei den Pfadfindern gelernt hat. Mit Pech kann man das Boot einstreichen und abdichten.

Die drei wollen sich am nächsten Nachmittag wieder treffen. Daniel bringt Klebeband mit, Janis besorgt drei Teppichmesser und einen Kübel Pech. Den ganzen Nachmittag schuften sie, schneiden Pizzaschachteln zurecht und kleben sie zusammen. Am Schluss bestreichen sie das Boot mit Pech. Nun muss es die ganze Nacht trocknen.

Am nächsten Sonntag geht es los. Die Leute am Rheinbord staunen, als sie das schnittige Boot sehen. Janis und Daniel nehmen die Bestellungen auf und der Basilisk backt die Pizzas in einem Sonnenofen.

Damit nicht so viele leere Pizzaschachteln am Rheinbord liegen bleiben, hat sich Janis etwas ganz Besonderes ausgedacht. Er legt die bestellten Pizzas auf einen Frisbee und wirft sie den Leuten am Rheinbord zu. Wenn sie fertiggegessen haben, müssen sie den Frisbee wieder zurückwerfen. Schwimmer, die eine kleine Pause einlegen wollen, dürfen an Bord kommen und die Pizza gleich da essen.

54

Lionel verfolgt den Stachelschwanzbasilisken

Lionel ist zu Hause in seinem Zimmer. Er legt sich aufs Bett und schaut das Buch an, das ihnen die Frau aus dem Mittelalter mitgegeben hat. Der Titel lautet «Der Stachelschwanzbasilisk».

Lionel fängt an zu lesen: «*Der Stachelschwanzbasilisk ist einer der legendären Basilisken von Basel. Er kann eine Länge von bis zu elf Metern und eine Höhe von fünf Metern erreichen. Sein Schwanz endet mit einem spitzen Metallstachel, der eine Länge von einundzwanzig Zentimetern aufweist. Er kann fliegen und hat ein sehr gutes Sehvermögen. Achtung, er kann auch Feuer speien und mit seinem Tabakrauch die Luft vergiften! In der Luft ist er schwer zu entdecken, weil er immer von einer schwarzen Rauchwolke umhüllt ist. Zur Fortpflanzungszeit legt der Stachelschwanzbasilisk ein Ei. Nach einer Brutzeit von genau drei Jahren schlüpft ein Jungtier. Der Jungdrache ist nur in der Nacht wach, und am Tag ist er versteinert. Im Alter von dreizehn Jahren lernt der Jungdrache, Feuer und Rauch zu speien, und er lernt fliegen. Die Stachelschwanzbasilisken können ein Alter von bis zu sechshundertachtunddreissig Jahren erreichen.*»

Lionel klappt den Buchdeckel zu, springt auf und packt seine Fussballschuhe in seinen Rucksack. Er muss sich beeilen, denn er will sich mit einigen Jungs zum Fussballspielen treffen. Mit dem Velo rast er dem Rhein entlang vom Solitudepark bis zur Kaserne.

Gerade als sie ihr Spiel beginnen wollen, schiebt sich eine riesige Rauchwolke vor die Sonne, und der Himmel verfinstert sich. Beissender Qualm liegt in der Luft. Alle husten. Als sich die Rauchwolke langsam wieder verzieht, sieht Lionel eine schwarze Rauchspur Richtung Wettsteinbrücke ziehen. Er schnappt sein Velo und flitzt hinterher.

Auf der Höhe der Wettsteinbrücke hält er an. Auch dort ist alles voller Rauch, und der Boden ist übersät mit Zigarettenstummeln. Unter der Brücke entdeckt er ein riesiges dunkles Loch in der Wand. Lionel beschliesst, das dunkle Loch zu erforschen. Er will herausfinden, ob da womöglich ein Basilisk haust. Er radelt nochmals schnell nach Hause, um eine Taschenlampe, eine Wäscheklammer, seine Schwimmbrille und eine Wasserpistole zu holen.

Leise schleicht er sich vor das dunkle Loch. Die Wäscheklammer steckt er an seine Nase. Auf keinen Fall will er den stinkenden Rauch einatmen. Er schaltet die Taschenlampe ein und leuchtet ins Dunkle. Doch er sieht nichts vor lauter schwarzem Rauch. Mutig tastet er sich weiter. Auf einmal hört er ein Piepsen und spürt etwas zwischen seinen Beinen. Lionel erschrickt.

Das muss wohl eine Ratte sein! Plötzlich wird es taghell, und Lionel sieht einen riesigen Flammenstrahl auf sich zukommen. Schnell duckt er sich hinter einen grossen Stein und zieht die Wasserpistole aus seinem Rucksack. Als Augenschutz setzt er die Schwimmbrille auf und erblickt einen gigantischen Stachelschwanzbasilisken.

Der Basilisk entdeckt Lionel und versucht ihn mit dem Schwanzstachel zu erwischen. Doch Lionel weicht aus. Der Basilisk öffnet weit das Maul, um Feuer zu speien. Im letzten Moment löscht Lionel den Feuerstrahl mit seiner Wasserpistole. Schwarzer Rauch kommt aus dem Rachen des Basilisken. Ohne es zu wissen, hat Lionel den Stachelschwanzbasilisken mit seiner Wasserpistole an seiner Schwachstelle getroffen: Der Stachelschwanzbasilisk ist nämlich absolut wasserscheu, denn Wasser bringt seinen Feueratem zum Erlöschen. Ohne seinen rauchenden Feueratem muss der Stachelschwanzbasilisk sterben, er muss also so schnell als möglich an einem Feuer seine Feuerlunge wieder anzünden.

In eine schwarze Wolke gehüllt, flüchtet der Basilisk aus seinem Versteck. So leicht gibt aber Lionel die Verfolgung nicht auf. Schnell springt er auf den Schwanz und klettert über den Rücken auf den riesigen Kopf. Der Basilisk will ihn abschütteln, aber Lionel klammert sich an seinem Hals fest. Der Wind bläst so kräftig, dass er beinahe abrutscht. Hoch oben in der Luft wittert der Basilisk den Rauch aus den Fabrikkaminen am Rande der Stadt. Vom Geruch des Feuers angelockt, landet der Basilisk direkt vor der Kehrichtverbrennungsanlage. Mit den letzten Kräften taumelt er in die Halle, wo die Kehrichtlastwagen normalerweise einfahren. Gerade hat ein Lastwagen eine Ladung Müll abgeliefert. Der Basilisk geht schnurstracks dem Abfall hinterher und landet kopfüber in der grossen Abfallgrube. Lionel kann im letzten Moment abspringen und sieht, wie ein riesiger Kran den Basilisken packt und in den Flammenofen befördert. Der gefährliche Basilisk ist gefangen! Da, wo er jetzt hockt, kann er so viel Rauch und Feuer spucken, wie er will.

Doch für die Stadt ist die Gefahr noch nicht gebannt. Noch tagelang liegen die schwarzen Rauchwolken in den Strassen und Gassen. Lionel verständigt seine Freunde, und gemeinsam basteln sie himmelblaue Luftfänger. Damit fangen sie die letzten schwarzen Rauchwolken in der Stadt ein, und die Menschen können wieder atmen.

58

Der Hauswart vom Schulhaus am Münsterplatz liegt mit einem gebrochenen Arm im Spital. Er wird für mindestens drei Wochen ausfallen. Ein Stellvertreter wird in dieser Zeit seine Arbeit übernehmen. Sein Name ist Herr Basilico.

In der 10-Uhr-Pause stürmen alle Kinder auf den Pausenhof. Einige Kinder spielen Hühnerfangis, andere spielen Fussball und wieder andere springen Seil. Silja sitzt auf einem Geländer und schaut dem bunten Treiben zu. Herr Basilico wischt gerade den Pausenhof. Er trägt einen grünen Arbeitskittel und Handschuhe. Silja findet ihn etwas eigenartig, vor allem sein stechender Blick fällt ihr auf. Und noch etwas findet sie komisch: Seit einigen Tagen wickeln viele Kinder ihr Znünibrot in Alufolie ein, sogar die geschälten Karotten sind dick verpackt. Der ganze Pausenplatz schimmert silbrig vor lauter weggeworfenen Alufolien. Nach der Pause sammelt Herr Basilico begierig die Alufolien ein, er zupft sogar die Alufolien aus den Abfalleimern, als könnte er nicht genug davon kriegen. Schnell stopft er alles in einen Sack und verschwindet im Keller des Schulhauses. So macht er es jeden Tag.

Silja wundert sich, im Keller hat es doch gar keinen Sammelcontainer. Sie beschliesst, der Sache auf den Grund zu gehen, schleicht ihm heimlich nach und versteckt sich hinter der Kellertüre. Herr Basilico schaut sich im Keller um und vergewissert sich, dass niemand in der Nähe ist. Dann verschiebt er eine alte Kommode und hebt eine lose Bodenplatte auf. Darunter verbirgt sich ein dunkler Gang. Er zieht seine Handschuhe aus, zum Vorschein kommen schuppige Hände mit langen Krallen. Seine Haut wird gräulich, sein Blick noch stechender, und vor Siljas Augen verwandelt er sich in einen Basilisken!

Silja kann es fast nicht glauben, endlich hat auch sie einen Basilisken gefunden, aber schon verschwindet der Basilisk im Geheimgang. Bloss weg hier, denkt Silja und rennt die Kellertreppe hoch. Sie muss unbedingt ihre Freunde zu Hilfe holen. Am späten Nachmittag schleicht die Kinderbande nochmals ins Schulhaus. Sie wollen den geheimnisvollen Gang erforschen. Die lose Bodenplatte ist immer noch beiseite geschoben, also ist der Basilisk noch nicht zurückgekehrt. Die Kinder steigen eine steile Treppe hinunter. Langsam gewöhnen ihre Augen sich an die Dunkelheit. Sie laufen lautlos den Gang entlang, bis sie zu einer Türe gelangen, die einen Spalt offen steht. Durch den Spalt dringt ein schwaches Licht. Vorsichtig öffnen sie die Türe und bleiben geblendet stehen.

60 In der Mitte des Raumes liegt auf einem Berg aus Alufolie der Basilisk mit seinen spitzen Zacken und schnarcht. Um ihn herum glitzert und glänzt es wie in der Schatzkammer eines Königs. Da liegen all die glänzenden Schätze, die der Basilisk während vieler Jahrhunderte gestohlen hat. Silbergabeln, Silberketten, prächtige Ohrringe und viele andere glänzende Dinge. Sogar silberne Ballone von der Herbstmesse fliegen an der Decke. Die Kinder halten den Atem an.

Endlich bricht Nives die Stille. «Das müssen wir unserem Klassenlehrer sagen», flüstert sie. «Nein, das müssen wir der Polizei melden, schau dir all diese gestohlenen Silberschätze an», meint Sven. Während die Kinder leise diskutieren, merken sie gar nicht, dass der Basilisk aufgewacht ist. Mit feurigen Augen starrt er auf die Kinder und erhebt sich langsam, sein Gesicht hat sich zu einer hässlichen Fratze verzogen. Aus den Augenwinkeln sieht Silja, wie der Basilisk auf sie zukommt. «Achtung!», ruft Silja.

Geistesgegenwärtig packt sie die herunterhängende Schnur eines silbernen Ballons. «Los, fesseln wir ihn!» Mit flinken Händen binden die Kinder die Ballonschnüre um den Basilisken und verknoten sie fest. Erstaunt merken sie, wie das gefesselte Ungeheuer langsam anfängt zu schweben. Die silbernen Ballone vermögen sein ganzes Gewicht zu tragen.

Dann geht alles ganz leicht. Sie bringen das gefesselte Tier in den Pausenhof und lassen es los. Langsam steigen die Ballone in den Himmel. Der Basilisk knurrt wütend. Da schreit ihm Silja nach: «Setz dich doch vor das Ozonloch im Himmel und komm nie mehr in unseren Pausenhof!» Sie bleiben stehen, bis sie nur noch einen winzigen, silbrig blinkenden Punkt am Himmel sehen.

Das Ende der Geschichte

Die zwölf Freunde sind zufrieden. Die Gefahr, dass die Stadt immer tiefer im Abfall versinkt, ist gebannt. Die Kinder schauen immer wieder nach den Basilisken und vergewissern sich, dass sie keinen Schaden mehr anrichten.

Die Staatsverwaltung verleiht den tatkräftigen Kindern einen Orden und macht eine Spende zugunsten der Klassenkasse. Damit können sich die Kinder einen lange gehegten Wunsch erfüllen und gemeinsam nach Venedig reisen.

So leben die Baslerinnen und Basler glücklich bis zu der nächsten Basiliskenplage ...

Nachwort

Entstanden ist das Buch im Rahmen des Förderunterrichtes der Primarschule Kleinbasel, wo ausgewählte Kinder während eines Morgens pro Woche verschiedene Projektthemen vertiefen können. Als Auftakt zum Thema «Drachen» war ein Besuch im Antikenmuseum geplant, zuvor aber modellierten wir am Rheinbord aus Ton die Basler Drachen, die Basilisken eben. Der Fussweg am Rheinbord war mit Scherben übersät, und sogleich erhielten die Tonbasilisken gefährliche Zähne, Krallen und Rückenzacken aus Glasscherben.

Wir liessen die Tonfiguren am Rheinbord zum Trocknen zurück und eilten ins Museum. Knappe zwei Stunden später entdeckten wir auf dem Rückweg, dass die Basilisken verschwunden sind! Nein, überlegten wir, sie sind nicht weggeputzt worden, sie sind abgehauen, machen nun die Stadt unsicher und hinterlassen überall Spuren in Form von Abfall ...

Damit nahm in unseren Köpfen die Basilikenjagd ihren Anfang, und die Idee entstand, aus diesem Stoff ein Buch zu erarbeiten.

Der Arbeitsprozess war lehrreich, lebendig und erforderte auch immer wieder Geduld – etwa, wenn ein soeben geschriebener Satz am Computer auf Nimmerwiedersehen verschwand. Mit detektivischem Spürsinn, Lust am Fabulieren, List und Tücke haben die zwölf Kinder der Primarschule Kleinbasel die gefährlichen Basilisken ausser Gefecht gesetzt.

Die zwölf Abenteuer sind bestanden, und damit finden die Basiliskengeschichten ein vorläufig glückliches Ende.

Mir bleibt der grosse Dank an alle Beteiligten und die Hoffnung, dass auch in Zukunft der Planet Erde auf die Tatkraft von Kindern zählen kann.

Susi Rüedi, Basel

62

Impressum

Die Deutsche Nationalbibliothek verzeichnet diese Publikation
in der Deutschen Nationalbibliografie; detaillierte bibliografische Daten
sind im Internet über www.d-nb.de abrufbar.

Herausgeber © 2009, Departement für Wirtschaft, Soziales und Umwelt
des Kantons Basel-Stadt | Amt für Umwelt und Energie

Verlag Simowa Verlag AG, Bern, www.staempfliverlag.com
Idee, Konzept und Textbegleitung Susi Rüedi, Basel
Projektrealisation Catherine Heinzer Ulusoy, Basel
Zeichnungen und Texte Primarschule Kleinbasel: Daniel Alavi,
Serafin Caderas, Miles Delpho, Oliver Knöpfli, Anna Lüber,
Nives Müller, Silja Nidecker, Sven Ruf, Lionel Safar, Janis Schmid,
Rojini Sivanesan, Fabrice Voisard
Fotografie Christian Lichtenberg, Basel
Gestaltungskonzept Lichtenberg & Rappo
Gestaltung und Zeichnungsbegleitung Petra Rappo, Basel
Korrektorat Benita Schnidrig, Stämpfli Verlag AG, Bern

Lithos Zeichnungen Dillier und Dillier, Basel
Papier Inhalt Cyclus, 100% Recycling-Papier
Papier Umschlag Lengarda
Druck Stämpfli Publikationen AG, Bern
Buchbinderei Schumacher AG, Schmitten

ISBN 978-3-908152-30-9

Printed in Switzerland

Wir danken für das Gegenlesen der Texte und die wertvollen Kommentare
Andrea Delpho, Monika Hediger, Guy Kneta, Peter Minder, Rahel
und Daniela Ruf, Stephan Sauthoff, Tobias Toggwiller, Gaudenz Tschurr,
Susanne Vettiger, Sunda Wegener, Markus Wolff
Wir danken im Weiteren folgenden Personen und Institutionen,
die massgeblich zum Gelingen der Bildaufnahmen beigetragen haben
Felix Dietrich, Basler Verkehrs-Betriebe | ideenreich gmbh, Birsigführung |
Fährimaa Kaserne | Stefan Koler, Fussballstadion Rankhof |
Kunsteisbahn Eglisee | Peter Lottner, Lottner AG |
Martin Kluge, Pharmazie-Historisches Museum Basel |
Hans Jürg Müller, Schauspieler | Anton Marty, Voltahalle

Für die fachliche und finanzielle Unterstützung danken wir
dem Tiefbauamt des Bau- und Verkehrsdepartements Basel-Stadt und
dem Erziehungsdepartement Basel-Stadt.